EDNA MAE BURNAM

CURSO de PIANO

GRADA a GRADA

LIBRO UNO

WILLIS MUSIC

EXCLUSIVELY DISTRIBUTED BY

HAL•LEONARD®
CORPORATION
7777 W. BLUEMOUND RD. P.O. BOX 13819
MILWAUKEE, WISCONSIN 53213

WMCo., 10120

Prefacio

El propósito de mi curso de piano GRADA A GRADA es la esperanza sincerea que que este libro ayudará a cada muchacho y muchacha a conocer el placer de la expersión musical.

GRADA A GRADA se le hace facil y alegre el procesor de aprender tocar el piano.

GRADA A GRADA presenta logicamente los rudimentos de la musica, con progreso gradual y constante, y presenta un desafío hacia tocar el piano con más facilidad.

GRADA A GRADA tiene musica de interés y melodiosa para el alumno y esta musica siempre se puede tocar con lo que ya ha aprendido el alumno, pro eso es posible tocar corrientemente y artísticamente.

GRADA A GRADA estimula el interés del alumno con los ejercicios escritos en la forma de "juegos de música" de tal modo da excitatión a la teoría.

GRADA A GRADA ayadara a crecer el amor de la música — la herencia justa de todos.

Los seis libros de este curso de piano
se fueron praducidos por:

Ernesto C. Valencia, M.S.
y
Richard K. Stewart, M.S.

WMCo., 10120

Al Profesor

El curso de piano de Edna Mae Burnam — GRADA A GRADA — la estructura de este libro presenta al alumno nueva del piano los muchos sujectos que él o ella tiene que aprender para leer y tocar la música.

Si los sujectos se presentan demasiado rapidamente, o demasiado al mismo tiempo, se a posible resultar en confusión y aversión.

Este curso presenta estos sujectos en un ordén lógico y, UNO A UNO. Bastante trabajo se da para que el alumno comprende **completamente** el sujecto antes de progresar al próximo.

En este primer libro, como en los siguientes, los sujectos con que trata son escritos claro y completamente. Los ejercicios músicales están bajo los manos, y "los juegos de escribir la música" contribuye a la sabenduria de la música. Un examen final repasa el trabajo de este libro antes de progresar al próximo. Esto asegura que el alumno comprende bien los sujectos de cada libro.

Quando este primer libro es terminado, el alumno habra aprendido lo siguiente:

1. Los numeros que se da a los dedos para tocar al piano.

2. Aprenda a reconocer y nombrar los rudimentos siguientes:

   la clave de Sol

   la clave de Fa

   corchete

   el pautado grande

   el linea barra

   compas

   doble barra o dos barras

   senales de los dedos

3. Aprenda nombrar y tocar las notas siguientes:—

4. Aprenda la duración de tiempo de las notas siguientes

5. Aprenda la duración de tiempo de las pausas siguientes

6. Aprenda tocar y contar los signaturas de tiempo siguientes $\frac{2}{4}$ $\frac{3}{4}$ $\frac{4}{4}$

7. Aprenda tocar y contar correctamente un ligado.

WMCo., 10120

AQUÍ TENEMOS LOS NÚMEROS DE LOS DEDOS
PARA TOCAR EL PIANO

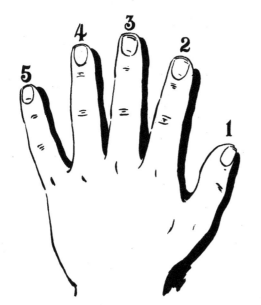

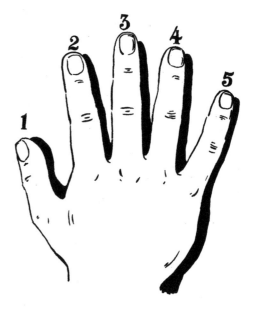

LA MANO IZQUIERDA　　　　　**LA MANO DERECHA**

WMCo., 10120

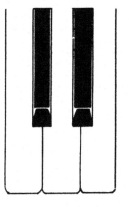

Buscalas en el piano.

¿Cuántos grupos de dos teclas negras puedes hallar?

Tocalas la una tras la otra y canta "uno, dos".

Usa cualquier dedo que quieres.

DO CENTRAL EL EL TECLADO DE PIANO

Busca la tecla **blanca** a la izquierda de las dos negras (a la **mitad** del teclado).

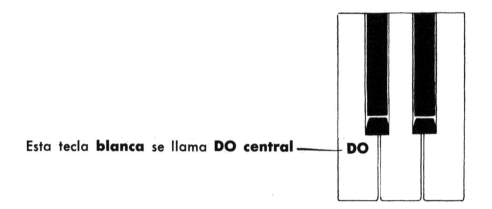

Esta tecla **blanca** se llama **DO central** —— DO

Tocala con cualquier mano pero usa el **primer** dedo (el pulgar) para tocar **DO central.** Canta **DO**

mientras la tocas.

LA CLAVE DE SOL

Esta se llama la **clave de SOL**

Las notas desde **DO central** hasta **el fin** del teclado de piano a la **derecha** son escritos **después**

de la clave de SOL.

LA CLAVE DE FA

Esta se llama **la clave de FA**

Las notas desde **DO central** hasta **el pie** del teclado a la **izquierda** son escritos **después** de

la clave de FA.

EL CAMPO DE JUEGOS DE DO CENTRAL

DO central tiene un campo de juegos ancho.

Entrada →

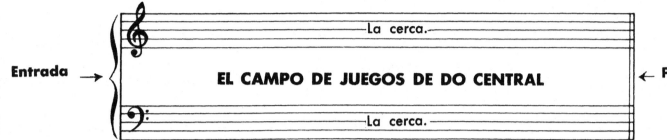

La cerca.

EL CAMPO DE JUEGOS DE DO CENTRAL

La cerca.

← Puerta de Salir

Hay una cerca abajo y arriba del campo de juegos.

Hay una puerta encorvada de hierro para **entrar** en el campo.

Hay una puerta de dos barras de hierro al fin del campo.

DO central **nunca** sale del campo de juegos.

LOS CUADROS DE DO CENTRAL

Aquí están algunos cuadros de DO central.

DO central **siempre** está en el campo de juegos. Puede estar el no puede montar las cercas.

Una línea **siempre** pasa por DO central ⟶ 𝆯 (se llama una línea **auxiliares**).

Algunas veces **DO central** tiene un vástago.

El vástago puede apuntar
hacia arriba ♩ o hacia abajo ♩

DO central puede per blanco ♩ o negro ♩

Mira abajo los cuadors diferentes de **DO central** en el campo de juegos.

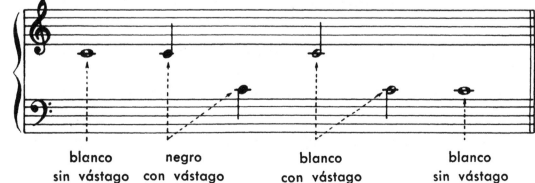

blanco   negro   blanco   blanco
sin vástago   con vástago   con vástago   sin vástago

WMCo., 10120

MIRA LOS CUADROS DE DO CENTRAL

Toca DO central cada vez que la ves en el campo de juegos.

Usa cualquier mano, pero usa el **primer** dedo (el pulgar).

Empieza a "la entrada" y toca cada **DO central** hasta "la puerta de salir".

Fíjate en los **DOS centrales** para no perder el camino.

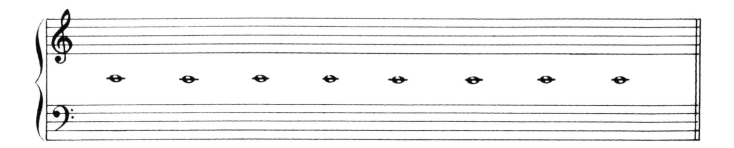

DO CENTRAL CON VÁSTAGO

Aquí está un cuadro de DO central con un vástago hacie **arriba.**

Cuando el vástago va hacia **arriba,** toca **DO central** con la mano que está en el mismo **lado** que el vástago. (Tu mano **derecha**).

Usa el **primer** dedo (el pulgar) de la mano **derecha** para tocar dos **DOS centrales** en el ejercicio abajo.

El número 1 arriba de DO central indica cual dedo bebes usar. Es decir que usas el primer dedo de la mano derecha.

Indicación de dedo

WMCo., 10120

Cuando el vástago va hacia **abajo,** toca **DO central** con la mano que está en el mismo lado que el vástago (tu mano **izquierda**).

Usa el **primer** dedo (el pulgar) de la mano **izquierda** para tocar los **DOS** abajo.

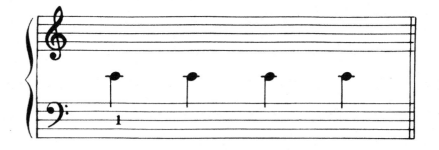

AQUÍ ESTÁN MAS DOS CENTRÁLES

TEN CUIDADO QUE TOCAS CADA DO CENTRAL CON LA MANO PROPIA.

LÍNEA DIVISORIA - DOBLE LÍNEA DIVISORIA - COMPÁS

Hay líneas para separar el campo de juegos de **DO central.** Se llama **líneas divisorias.**

Los espacios **entre** dos **líneas divisorias** se llama "compás".

Fíjate en el **doble línea divisoria** indica al fin. Indica que paras.

¿Cuántas campases hay abajo?

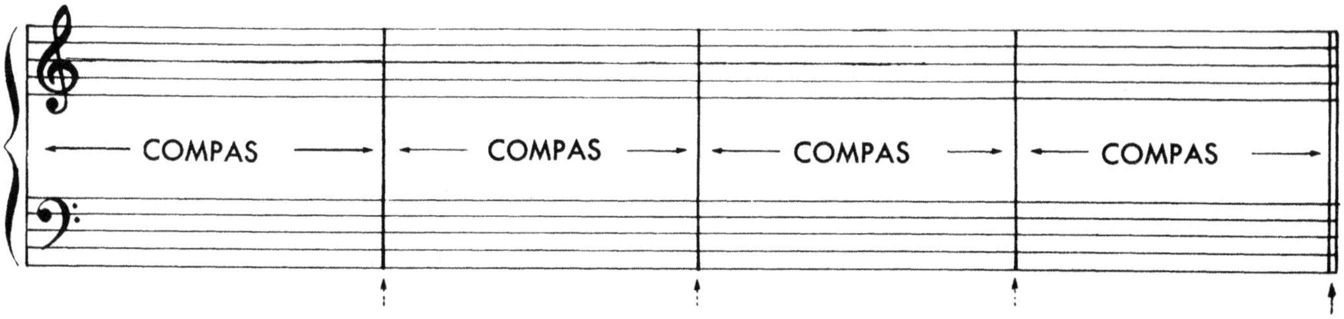

Línea divisoria   Línea divisoria   Línea divisoria   Doble línea divisoria

CUENTA TRES TIPOS DE DO CENTRAL

Quando DO central es **negro** y tiene un **vástago,** el DO central canta por el mismo tiempo que tú requieres para contar **uno.** (Se llama **negra** o **quarta**).

Toca y cuenta 1

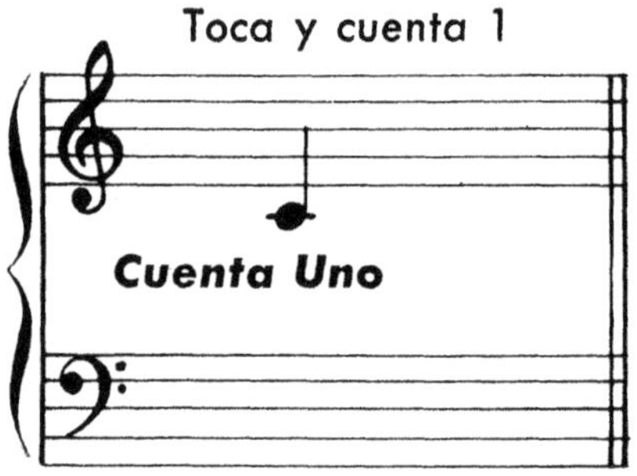

Cuando **DO central** es **blanco** y tiene un **vástago,** canta aun más. Bastante tiempo para contar UNO, DOS. (Se llama **blanca** o **media**).

Toca y cuente 1, 2

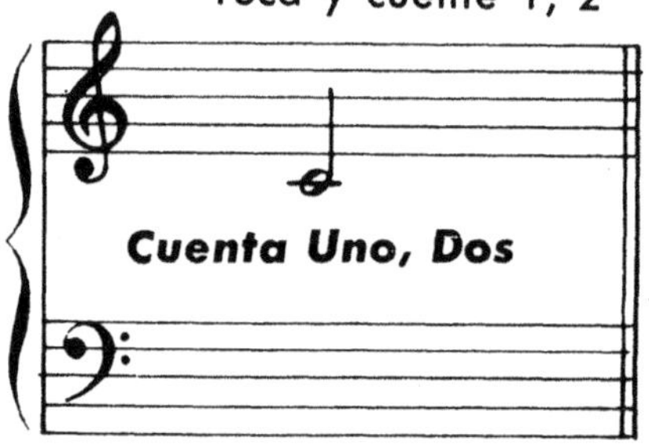

Cuando **DO central** es **blanco** y no tiene ningún **vástago,** canta aun **más.** Bastante tiempo para contar UNO, DOS, TRES, CUATRO. (Se llama redonda o unidad).

Toca y cuenta 1, 2, 3, 4

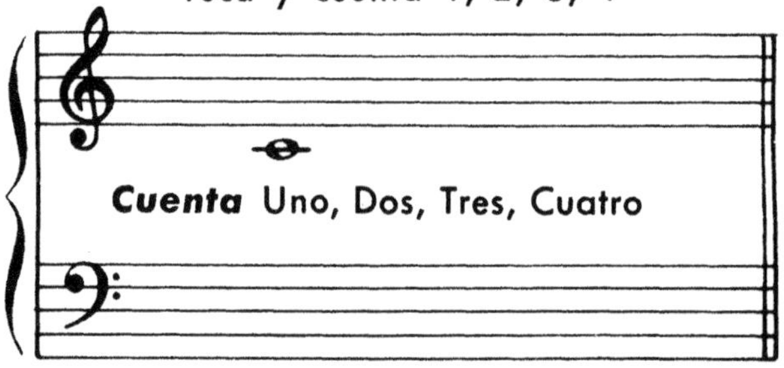

WMCo., 10120

LA SIGNATURA DE TIEMPO $\frac{2}{4}$

Fíjate en los números en las cercas.

Tienes que recordar el número **superior.**

¿ Qúe es?

Indica que tu cuentas 1, 2 en **cada compás.**

Estos números se llama SIGNATURAS DE TIEMPO.

Después de cada **línea divisoria, tienes que** empezar contar otra vez con **uno.**

Bate y **cuanta** cada **DO central** en el ejercicio abajo.

No pares hasta que llegas a **la doble línea divisoria.**

TIP TOE

Cuenta como eso → Uno, Dos,   Uno   Dos,   Uno,   Dos,   Uno, Dos.

¿ Recuerdas que debes contar **UNO, DOS** tambien en la última compás?

Ahora **toca** y cuenta. Usa el dedo y la mano propios.

Esta pieza se llama   TIP TOE.

Cuando tu puedes **tocar** y **contar** perfectamente esta pieza puedes cantar estas palabras:

Tip - Toe, Tip - Toe, Aqui voy .

Ahora tocar Tip-Toe otra vez y tu profesor tocará contigo.

Parte del profesor

LA SIGNATURA DE TIEMPO 4/4

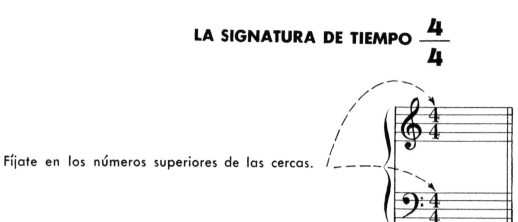

Fíjate en los números superiores de las cercas.

Este número indica que tú tienes que contar 1, 2, 3, 4 en cada compás.

Bate y cuenta la pieza que se llama SALTA TÍTERE.

Quando to tocar y cantar perfectamente de yo canto todos.

SALTA TÍTERE

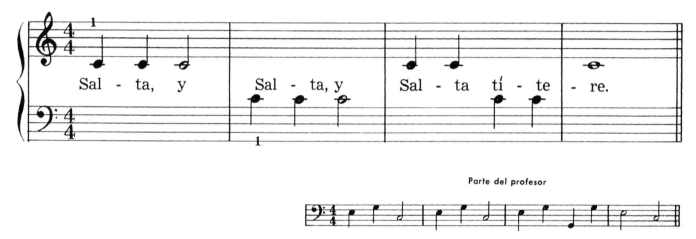

Sal - ta, y Sal - ta, y Sal - ta tí - te - re.

Parte del profesor

Aquí está otra pieza que puedes aprender de la misma manera.

VEN Y BAILE

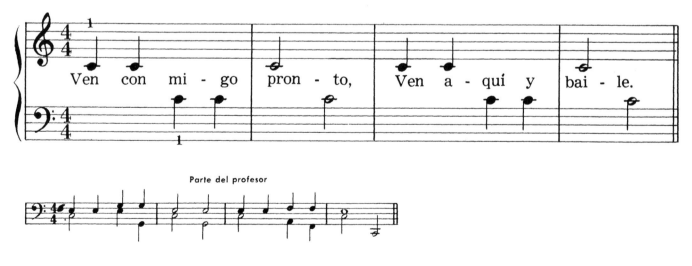

Ven con mi - go pron - to, Ven a - quí y bai - le.

Parte del profesor

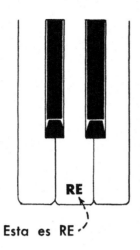

Halla la nota imediatamente
a la **derecha** de **DO central**
(entre las dos notas negras).

RE

Esta es RE

Toca **RE** con el **segundo** dedo de la mano derecha.

Canta **RE** mientas la tocas.

Aquí están algunos cuadros de RE.

Recuerdate que **RE** es la nota entre dos teclas negras.

RE no tiene una línea supplementaria.

RE está en el campo de juegos de **DO central.**

RE solamente puede jugar en la parte **superior** del campo.

Usa el segundo dedo de la mano **derecha** cuando la tocas.

Aquí están algunas piezas para tocar.

DUERME

Duer - me, ní - - - ño ·

Parte del profesor

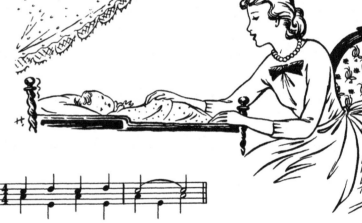

EL AUTOBUS

El au - to bus an - da por to - do el pu - e - ble.

Parte del profesor

WMCo., 10120

LA LLUVIA

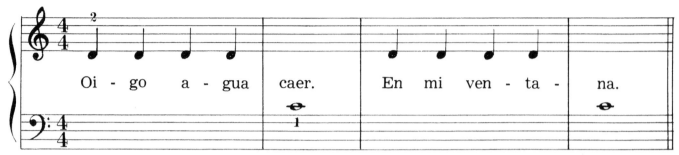

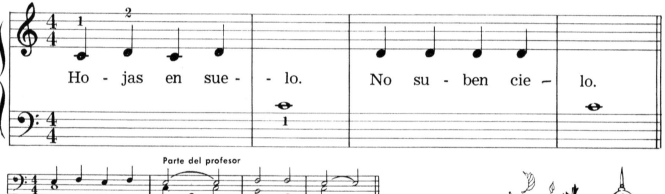

Oi - go a - gua caer.   En mi ven - ta - na.

Parte del profesor

HOJAS

Ho - jas en sue - lo.   No su - ben cie - lo.

Parte del profesor

SI EN EL TECLADO

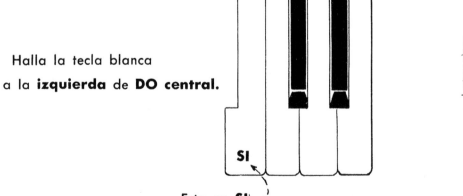

Halla la tecla blanca
a la **izquierda** de **DO central.**

SI

Esta es **SI**

Toca **SI** con el **segundo** dedo de la mano **izquierda.**

Canta **SI** mientras la tocas.

WMCo., 10120

Aquí están algunos cuadros de **SI**.

Ti está en el campo de juegos de **DO central**. Solamente puede jugar **debajo** de **DO central**.

Usa el segundo de la mano **izquierda** cuando tocas **SI**.

Aquí están algunas piezas nevas para tocar.

BARQUITO

Va mi bar - qui - to.

Parte del profesor

EL TAMBOR

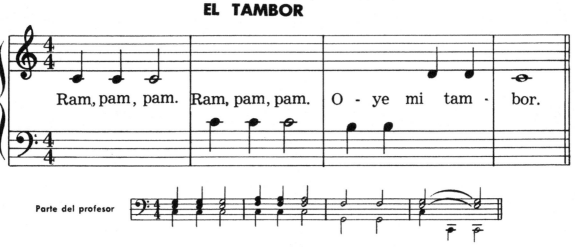

Ram, pam, pam. Ram, pam, pam. O - ye mi tam - bor.

Parte del profesor

EN LA HAMACA

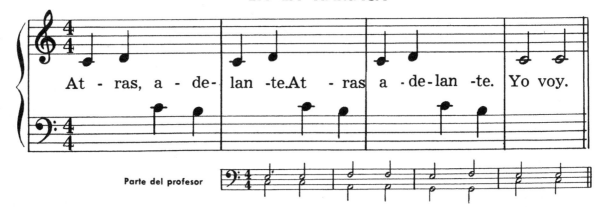

At - ras, a - de - lan -te. At - ras a -de-lan -te. Yo voy.

Parte del profesor

WMCo., 10120

Fíjate en la tercera compás.

En esta compás la mano **derecha** toca los tiempos 1, 2, 3, 4.

La mano **izquierda** toca los tiempos 1, 2, 3, 4, **también.**

Tienes que tocar **con ambos manos al mismo tiempo** en la tercera compás!

EL PICAPOSTE

Pi -ca, pi -ca,   pi - ca, pi -ca.   Pi - can - do él   va.

Parte del profesor

MI EN EL TECALDO

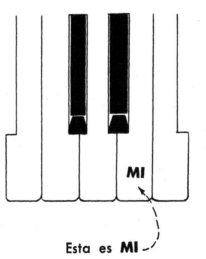

MI

Esta es **MI**

Halla la tecla blanca
a la **derecha** de RE.

Toca **MI** con el **tercer** dedo de la mano **derecha.**

Canta **MI** mientras la tocas.

El nombre musical de la cerca es **pentagrama** o **pauta.** La **pauta** consiste de líneas y espacios entre las líneas.

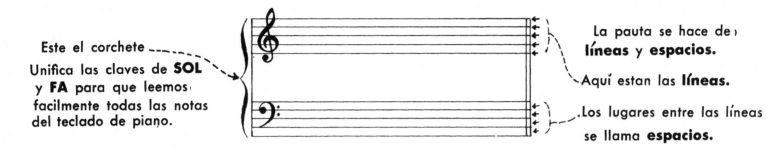

Este el corchete
Unifica las claves de **SOL** y **FA** para que leemos facilmente todas las notas del teclado de piano.

La pauta se hace de líneas y **espacios.**

Aquí estan las **líneas.**

Los lugares entre las líneas se llama **espacios.**

Generalmente la mano derecha toca las notas de la clave de SOL.

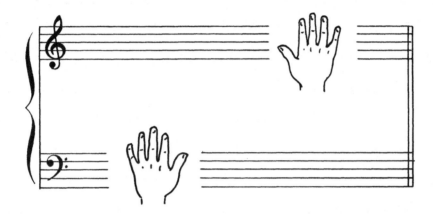

Generalmente la mano izquierda toca las notas de la clave de FA.

CUADROS DE MI

Aquí estan algunos cuadros de **MI.**

MI no está en el campo de juegos de **DO central.** Está en la **clave de SOL.**
¿ Quántas líneas hay en la clave de SOL?

Mi está en la clave de SOL — sobre **esta línea**

Toca **MI** con el **tercer dedo** de la **mano derecha.**

Canta **MI** mientras la tocas. Aquí están unas piezas para tocar.

Recuerdate los números de las cercas.

El **superior** es lo importante.

Cuenta 1, 2 en cada compas.

YO CANTO

Yo can- -to,   Do, Re,   mi.

Parte del profesor

Aquí está otra pieza para tocar.

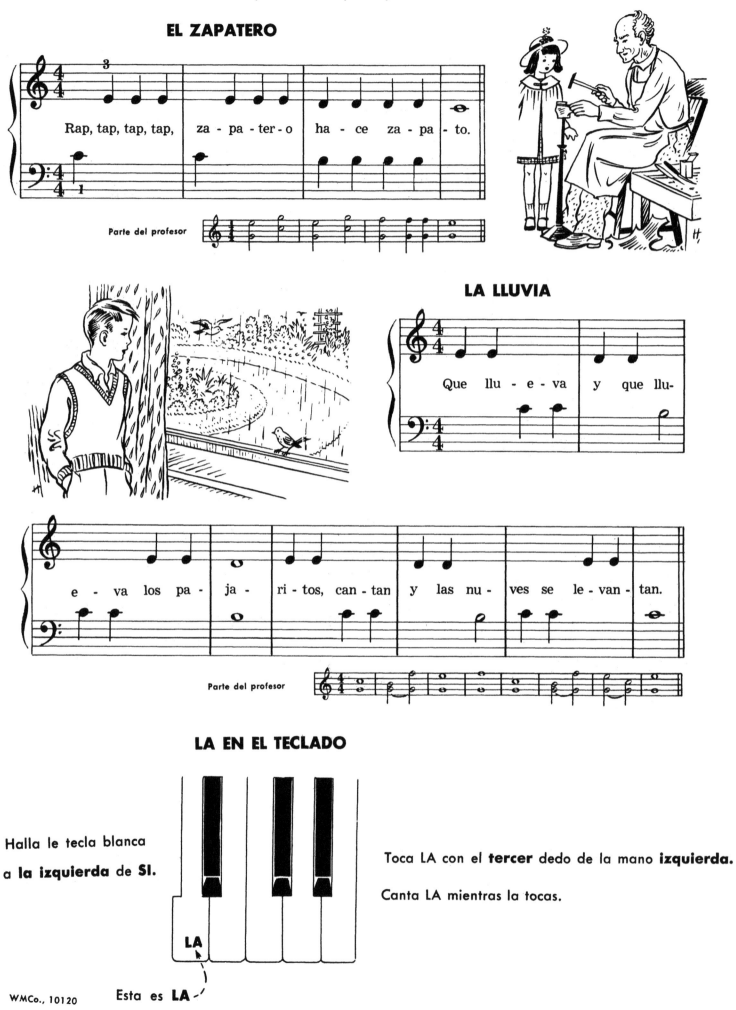

EL ZAPATERO

Rap, tap, tap, tap,   za - pa - ter - o   ha - ce   za - pa - to.

Parte del profesor

LA LLUVIA

Que llu - e - va   y   que llu-

e - va los pa -   ja - ri - tos, can - tan   y   las nu -   ves se le - van - tan.

Parte del profesor

LA EN EL TECLADO

Halla le tecla blanca **a la izquierda de SI.**

Toca LA con el **tercer** dedo de la mano **izquierda.**

Canta LA mientras la tocas.

LA

Esta es **LA**

LA **no** está en el campo de juegos de **DO central.**

Está en la clave de **FA.**

¿Cuántas líneas hay en la clave de **FA?**

LA está en la clave de FA — sobre **está** línea

Toca **LA** con el **tercer** dedo de la **mano izquierda.**

Canta LA mientras la tocas.

EL GATITO

Ga - ti -to du - er -me, Duer-me en el sol.

Parte del profesor

LA NIEVE

Des -cien -de en la nieve.

Parte del profesor

DOS CANTAN

La mano derecha es la voz de madre.

La mano izquierda es la voz de padre.

Ma- dre can - ta, Pa -dre can-ta am -bos can-tan jun-tos.

Parte del profesor

WMCo., 10120

PASAR EL ARROYO

Aquí está un arroyo. Cada círculo es una piedra. Escribe tú el nombre de dada nota en el círculo.

Trata de pasar por el arroyo sin mojarte los pies.

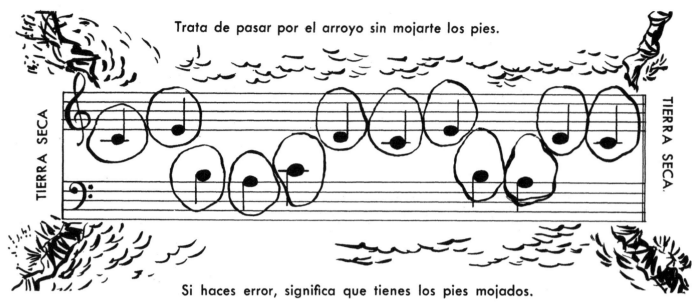

Si haces error, significa que tienes los pies mojados.

PASTEL DE CUMPLEAÑOS

Aquí están pasteles de cumpleaños que necesitan velas.

Pon tantas velas en cada pastel como hay **tiempos** en el pastel.

Una nota como esta ♩ recibe **un** tiempo. El primer pastel es un ejemplo de la manera que tu bebes hacer los otros.

SOLDADOS

Cada soldado bate **cuatro compáses** en su tambor

El soldado toca el tiempo de $\frac{2}{4}$ o $\frac{4}{4}$

Escribe la **signatura de tiempos** antes de cada línea.

Escribe los **tiempos** bajo cada nota. Como eso:

Tú has tenido piezas con
dos tiempos en cada compás.

Tú has tenido piezas con **cuatro**
tiempos en cada compás

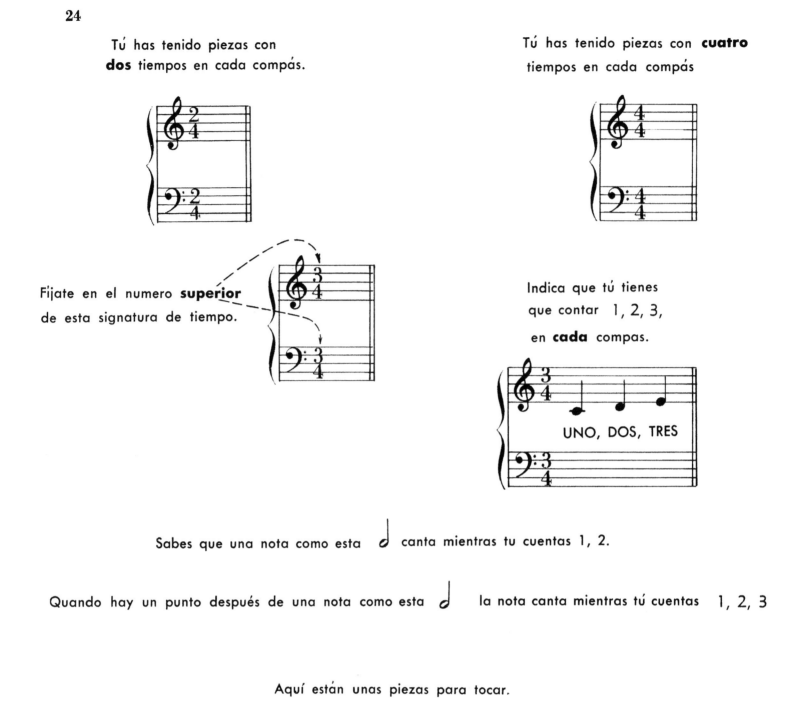

Fíjate en el numero **superior**
de esta signatura de tiempo.

Indica que tú tienes
que contar 1, 2, 3,
en **cada** compas.

UNO, DOS, TRES

Sabes que una nota como esta ♩ canta mientras tu cuentas 1, 2.

Quando hay un punto después de una nota como esta ♩ la nota canta mientras tú cuentas 1, 2, 3

Aquí están unas piezas para tocar.

EL VIENTO

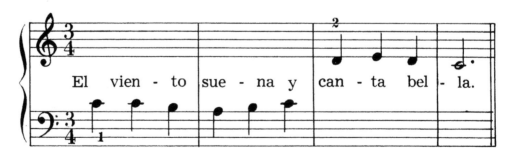

El vien - to sue - na y can - ta bel - la.

¿Te recuerdas contar 1, 2, 3 durante la última nota?

Parte del profesor

WMCo., 10120

LA PISCINA

Na - dan - do en u -na pis - ci - -na,

si --en -to más gra - cia di - vi - na.

Parte del profesor

CUCURUCHO DE HELADO

Cu - cu - ru -cho de he - la - do es - tá a -quí

Parte del profesor

PASTELES

Pas - te - les, Pas - te - les, qui - er - o - mis, qui - er - o - mis Pas - te - les.

WMCo., 10120

UN LIGADO

Cuando una nota se repete **dos** veces, y hay una línea **encorvada** de la una la otra

como eso  o se llama un ligado.

CUANDO VES UN LIGADO, TOCA SOLAMENTE LA **PRIMERA** NOTA Y NO LEVANTA LA MANO PARA TOCAR LA SEGUNDA SINO **CUENTALA** CON LA PRIMERA NOTA.

Aquí están unos **ligados**.

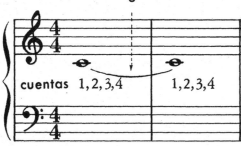

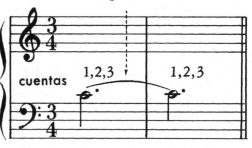

Aquí están unas piezas con **ligados**. Hállalos.

LA VAQUITA

La va - qui - ta es, Blan - ca y ne - grà.

Halla los **ligados** en la parte del profesor.

Parte del profesor

WMCo., 10120

La bell —a car-pa do - ra-da mia.

La pez de mu-chos co -lo - res bellas.

Parte del profesor

LAS BLANCAS NUBES

La blan - cas nu - bes co - mo. — a- ves van.

Parte del profesor

WMCo., 10120

PAUSAS

Una pausa indica silencio.

Una pausa de **un** tiempo.

Esta pausa se llama silencio de **negra**.

Esta pausa significa que debes tener silencio mientras cuento **Uno.**

Cuando ves una pausa tienes que levantar las manos vel teclado y **cuenta** la pausa.

Aquí esta una pieza que tiene unos silencios de **negras**.

TÍTERE

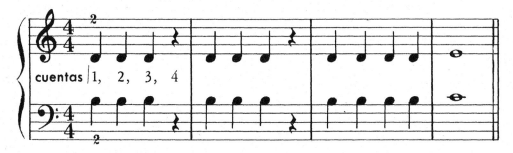

cuentas | 1, 2, 3, 4

Las manos no descansan al **mismo** tiempo.

Algunas veces una mano descansa mientras la otra toca. Toca tú la pieza abajo.

SALTITO

Esta pausa requiere que cuentas **uno, dos.**

Esta pausa está sentado sobre la linea **central** de cada pentagrama.

Esta es silencio de **blanca.**

Aquí está una pieza con unos silencios de blanca.

MECEDORA

Esta pieza tiene unos silencios ne **negra** y **también** unos de **blanca.**

CALLE DESIGUAL

WMCo., 10120

SILENCIOS DE REDONDA

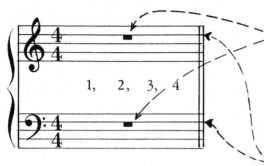

Este tipo de pausa indica que debes contar **1, 2, 3, 4** cuando tocás en la signatura de tiempo de 4/4.

Nota que esta pausa

colga de esta línea.

Esta pausa se llama silencio de redonda.

Cuando tocás en la signatura de 3/4 esta pausa indica silencio mientras cuentas **1, 2, 3** porque no hay nada más en la compás.

(Silencio de redonda)

OVEJAS

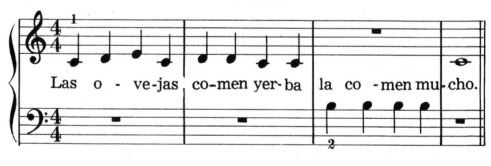

Las o - ve-jas co-men yer-ba la co -men mu-cho.

LA RUELA ¿Te recuerdas contar este ligado?

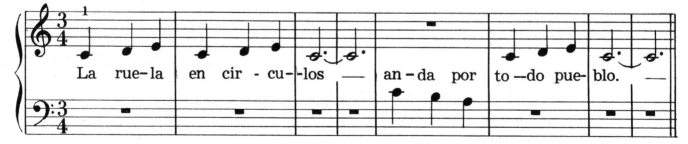

La rue-la en cir - cu-los ___ an-da por to -do pue-blo. ___

Aquí está una pieza que tiene **cada tipo** de pausa que hàs aprendido.

CARTERO

Yo es - pe - ro el car - te - ro,

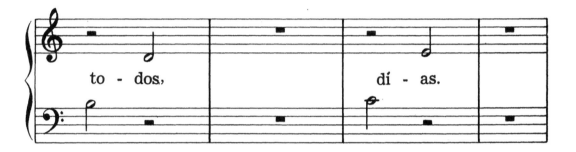

to - dos, dí - as.

Yo es - pe - ro el car - te - ro,

to - dos , dí - as. _____

FA EN EL TECLADO

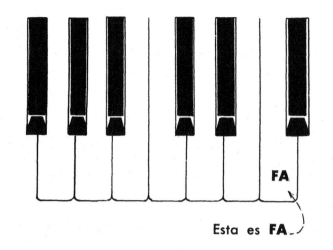

Halla la tecla blanca

a la **derecha** de MI.

FA

Esta es **FA**

Aquí están unos cuadros de **FA.**

Fa no está en el campo de juegos de **DO central.**

Está en la clave de **SOL.**

Recuerdate que los lugares **entre** las líneas se llama espacios.

¿Cuántos **espacios** hay en la clave de SOL?

FA está en la clave de SOL y está sobre **este espacio.**

Toca **FA** con el cuatro dedo de la mano **derecha.**

Canta **FA** · mientras la tocas.

Aquí está una pieza para tocar.

LA NOCHE

An - do por la no - che, mir -ro ar - -ri - ba.

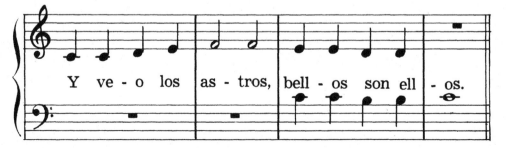

Y ve - o los as - tros, bell - os son ell - os.

El ma -íz en la a -zor -ca es bue -no.

Ma -íz, ma -íz mi fa -vo -ri -to ma -íz.

MUÑECA

Mu -ñe -ca, mu -ñe -ca duer -mes tú, Ma -ña -na ju -ga -mos ot -ra vez.

SOL BAJO DE DO CENTRAL EN EL TECLADO

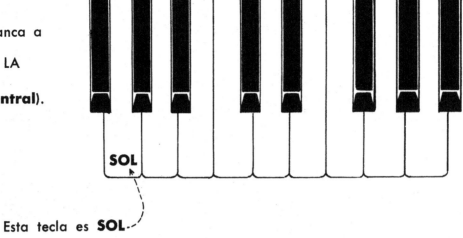

Halla la tecla blanca a
la **izquierda** da LA
(abajo de **DO central**).

Esta tecla es **SOL**

Toca **SOL** con el **cuatro** dedo de la mano **izquierda.**

Canta **SOL** mientras la tocas.

Aquí están unos cuadros de **SOL** para la mano **izquierda.**

Esta **SOL** está en la clave de **FA.**

Está sobre **este** espacio de la clave de **FA.**

EL PEQUEÑO RÍO

El pe - que - ño rí - o an - da,

ha - ci - a la mar an - da.

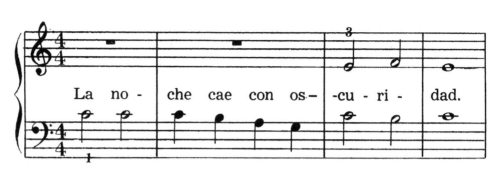

La no - che cae con os- -cu - ri - dad.

As - tros bril - lan con in - ten - si - dad.

EL PUENTE

El puen - te - ca - e, ca - e, en el rí - o ca - e.

Los ni - ños cor - ren, cor - ren, el puen - te ca -e.

SOL ARRIBA DE DO CENTRAL - EN EL TECLADO

Halla la tecla blanca a la **derecha** de FA.

(Arriba de **DO central**)

Esto es **SOL**

Aquí están unos cuadros de **SOL** para la mano **derecha**.

Está en **esta** linea de la clave de **SOL.**

Toca este **SOL** con el **quinto** dedo da la mano **derecha**.

Canta **SOL** mientras la tocas.

MONTAÑAS

Las mon - ta - ñas   to can nu - bes

pi - can el ci -   e - lo. Las mon - ta - ñas   ab - lan con di -   os bel - las mon - ta - ñas.

LOS PANTALONES

Mis pan-ta-lo-nes ne-gros son lar-gos,

Cu-bren los pi-es no pue-do cor-rer.

LA OVEJA

La o-ve-ja de Ma-ri- -a no pue-do se-quir-

le, A la es-cue-la no pue-do se-quir-le. No.

TARAREAN NIÑOS

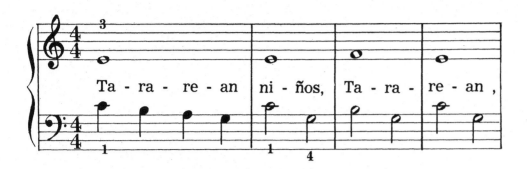

Ta - ra - re - an ni - ños, Ta - ra - re - an,

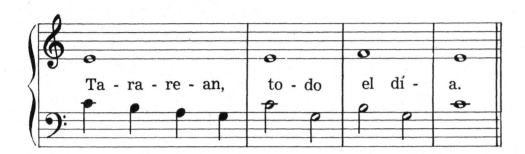

Ta - ra - re - an, to - do el dí - a.

ANOCHECER

Hace una línea de cada caña de pescar alla pez que debe coger.

Si la caña tiene DO, entorces la línea tiene que ir a la nota DO.

Si lo haces correctamente, indica que coges un pez.

Miro cuantos peces (notas) puedes coger.

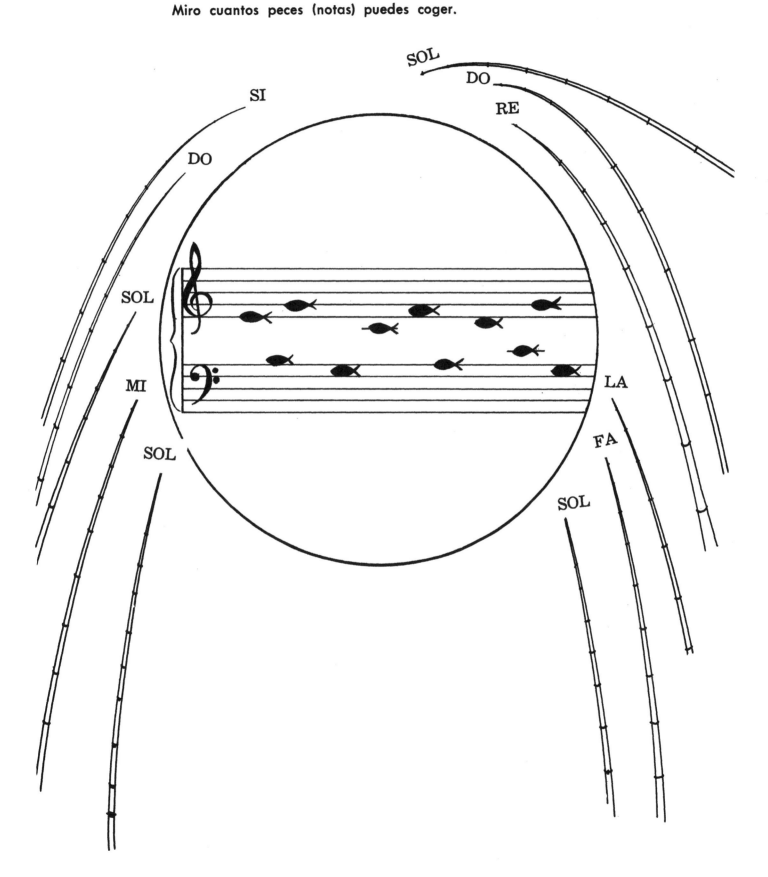

Adentro de cada bolsa hay monedas.

¿ Cuántas hay en cada bolsa?

Hay tantas monedas como la duración de la notas.

Indica con un número el valor de las notas en cada bolsa.

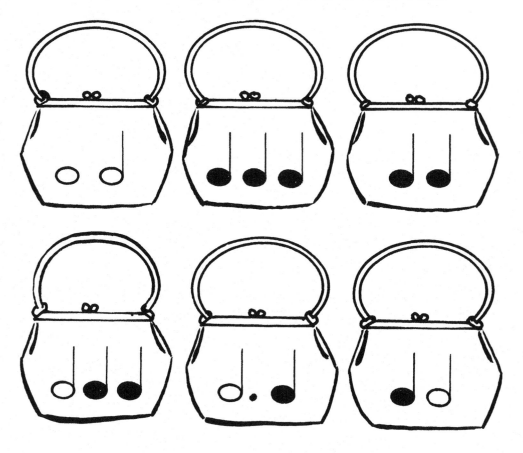

Esta vez cuenta **las notas y las pausas.**

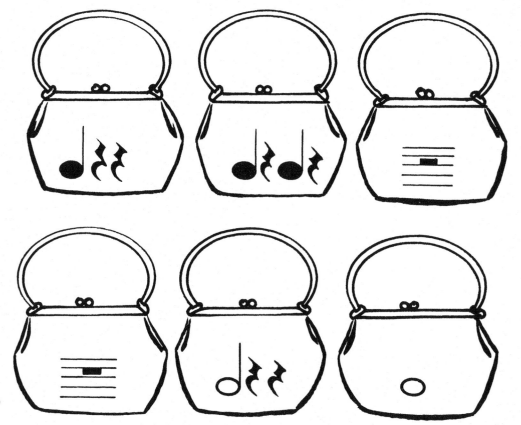

PATOS

Cada pato canta por cuatro compases.

Canta en los tiempos $\frac{2}{4}$ $\frac{3}{4}$ o $\frac{4}{4}$

Entonces escribe **los números** de la duracion de **cada nota o pausa.**

POLLITOS BLANCOS

Los pol - li - tos blan - cos del a - bue - lo.

Cor - ren mu - cho y can - tan pa - ra co - mer.

EL VIENTO

El vi - en - to del nor - te,

Oo - - - - - oo, Can - ta mien—tras corre al sur Oo - - - - - oo,

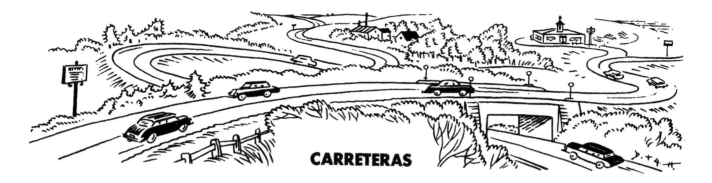

CARRETERAS

Car - re - te - ras por par - tes a - je - nas y cer - cas.

Car - re - te - ras, car - re - te - ras an - dan por la mar.

A - - quí al - - la, car - re - te - ras van.

Lar - gas, cor - tas, car - re - te - ras son.

EXAMEN FINAL

Su profesor te dara este examen final.

Dime los números de los dedos para tocar el piano.

Muestrame:

    la clave de SOL

    la clave de FA

    la gran pentagrama

    la línea divisoria

    la compás

    la doble línea divisoria

    la corchete

    la signatura de tiempo

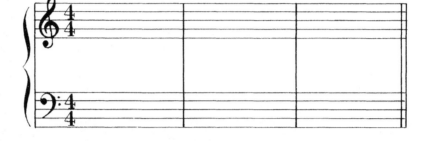

Muestrame una nota que valga:

    1 tiempo

    2 tiempos

    3 tiempos

    4 tiempos

Muestrame una pausa que vaga:

    1 tiempo

    2 tiempos

    4 tiempos

Muestrame un compas de:

    2 tiempos a la compás

    4 tiempos a la compás

    3 tiempos a la compás

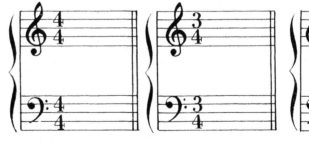

Muestra un ligado :

WMCo., 10120

Certificación de Merito

Esto certifica que

....

ha completado con éxito

LIBRO UNO

de

EDNA MAE BURNAM
CURSO DE PIANO
GRADA A GRADA

y es elegibile a empezar con

LIBRO DOS

.... Profesor

Fecha ....

WMCo., 10120

CURSO DE PIANO
POR

EDNA MAE BURNAM

Grada Por Grada

LIBRO DOS

Presenta en ordén lógico sujectos nuevos una a la vez.

Hay bastante trabajo para que aprenda el estudiente cada punto antes de progresar.

Los sujectos se presentan de manera concisa y clara y "los juegos de escribir la música" ansenan la teoria de las música.

Un examén final repasa todo y nos da cuenta de que el estudiante ha aprendido bien los sujectos del libro.

En el curso de piano de Edna Mae Burnam — GRADA POR GRADA — Libro Dos, el studiente aprende:

Leer de DO (el seguendo espacio de la clave de FA) hasta DO (el tercer espacio de la clave de SOL).

Contar y tocar corcheas.

Reconocer y usar los sostenidos, los bemoles, y los naturales.

Tocar en las signaturas siguientes: DO mayor, SOL mayor, FA mayor.

Leer y tocar los acordes de dos notas.

Cruzar la mano izquierda y la derecha.

Observar y tocar D.C. al Fine.

APRENDAR TOCAR CON LOS LIBROS DE BURNAM.

WILLIS MUSIC COMPANY
CINCINNATI, OHIO

WMCo., 10120